MEJORA TU CONCENTRACIÓN

Las claves para mantenerse centrado

Por Maïlys Charlier

Traducido por Laura Soler Pinson

Coaching en50MINUTOS.es

¿CÓMO CONCENTRARSE MEJOR?

- **¿Problemática?** ¿Cómo aprender a reconocer nuestros problemas de atención y gestionar nuestra concentración para optimizar nuestra forma de trabajar?
- **¿Utilidad?** Poder enfocar nuestra atención en nuestras tareas nos permite ahorrar tiempo de trabajo y, por lo tanto, ganamos en eficiencia.
- **¿Contexto profesional?** Trabajo en equipo, desarrollo personal y profesional, hábitos de trabajo, memorización.
- **¿Preguntas frecuentes?**
  - ¿Qué factores se encuentran en el origen de mi problema de concentración?
  - ¿Cuáles son las consecuencias directas de una mala concentración en el trabajo?
  - ¿Cómo saber si sufro de un desorden neurológico o si simplemente tengo problemas de concentración?
  - ¿Qué actitudes adoptar para mejorar mi concentración a largo plazo?
  - ¿Puedo tratar mis problemas de atención gracias a la medicación?
  - ¿Puede ayudarme la música a concentrarme?

«A menudo, en el trabajo, me cuesta acabar tareas monótonas y repetitivas, puesto que no logro concentrarme. También me resulta difícil mantener mi atención en las reuniones, en las que me olvido de tomar nota de las instrucciones que mi superior ha dado. Estos problemas de atención son para mí una fuente constante de ansiedad» (Albert, empleado del sector de la informática y de las telecomunicaciones).

Independientemente de si padeces o no un trastorno de déficit de atención con o sin hiperactividad (TDA/H), la dificultad para concentrarse puede convertirse en una auténtica carga en tu vida profesional. Sobre todo porque, actualmente, las distracciones son numerosas (un golpe de cansancio o de estrés, un compañero de trabajo avasallador, el teléfono que suena constantemente, las redes sociales, la publicidad, etc.) y concentrarse durante mucho tiempo se convierte cada vez en una tarea más ardua. Además de las tecnologías 2.0 y de la cultura hiperactiva de nuestra sociedad, también existen elementos perturbadores naturales: falta de sueño, mala alimentación, falta de oxígeno, ruido, etc. Con todo, es esencial que sepamos canalizar nuestro hilo de pensamiento en el trabajo para ser productivos y no malgastar energía inútilmente.

¿En qué consiste la concentración? ¿Por qué tenemos dificultades para concentrarnos? Y sobre todo, ¿cómo podemos hacer para no caer en las distracciones diarias? Porque, sí, la concentración es como un músculo que podemos ejercitar gracias a algunos ejercicios. En 50 minutos, este pequeño libro te propone que descubras de nuestra mano los secretos de la atención para paliar tus déficits y mejorar tu concentración.

EL ABECÉ DEL MAESTRO DE LA CONCENTRACIÓN

¿CÓMO FUNCIONA LA CONCENTRACIÓN?

Apelar a nuestra atención para concentrarnos

Solemos confundir a menudo los términos «atención» y «concentración». Sin embargo, aunque estos dos conceptos están estrechamente vinculados, en realidad definen acciones muy diferentes. En su obra *The principles of psychology* (1890), William James (psicólogo estadounidense, considerado el fundador de la disciplina en los Estados Unidos, 1842-1910) explica que «la atención es la toma de control de la mente, de manera clara y viva, sobre un objeto o sobre un desarrollo de ideas de entre varias que parecen posibles [...]. Implica abandonar ciertos objetos para tratar los otros más eficazmente»[1]. En *Embracing your potential*, Terry Orlick, profesor en la universidad de Ottawa, describe la concentración como «el hecho de reducir la atención hacia un aspecto en particular y mantenerla»[2]. Por lo tanto, estos dos procesos son complementarios: mientras el de la atención abre la mente al entorno y controla la entrada de información, el de la concentración la cierra a todas las distracciones. Así, cuando no estás totalmente concentrado, tu mente está atenta a varios elementos.

Según el investigador estadounidense Robert Nideffer,

---

1. Cita traducida por 50Minutos.es
2. Cita traducida por 50Minutos.es

la atención está conformada por dos dimensiones que determinan para cada persona una capacidad de atención diferente, un «estilo atencional» que debemos identificar:

- la amplitud (cuanto más amplio sea el enfoque, más atento estarás a una gran cantidad de información);
- la dirección (si el enfoque es interno, la mente se centra sobre sí misma; si es externo, estará más receptiva a las señales del entorno).

Además, el sistema atencional está formado por cuatro posiciones que los individuos explotan en diferente grado:

- **la alerta**. Cuando el individuo está en estado de alerta, su atención se fija de manera intensa en una orden o en una señal en particular;
- **la atención selectiva**. El individuo selecciona un elemento y centra toda su atención en él para estudiarlo en profundidad;
- **la atención dividida**. El individuo trata dos o más informaciones a la vez;
- **la atención sostenida**. El individuo mantiene su concentración durante al menos quince minutos en situaciones en las que el flujo de información es más rápido.

Algunas personas tendrán dificultades para concentrarse en varias tareas a la vez, mientras que otras no lograrán centrarse en una sola. Para Cécile Galand, neuropsicóloga en el centro de terapia Amimo, los individuos con una atención dividida altamente desarrollada son perfectamente capaces de concentrarse en dos tareas de manera simultánea, siempre y cuando su procesamiento se haya convertido en rutinario y no necesite todos los recursos atencionales conscientes.

Controlar nuestra atención es un paso previo imprescindible en el proceso de concentración: cuando debemos focalizarnos en una tarea muy precisa, el cerebro debe decidir centrar su atención en una sola actividad y evitar distracciones. Por lo tanto, concentrarse conlleva una doble acción.

Los factores de desconcentración

En la sociedad hiperactiva de nuestros días, dominada por la tecnología y la cultura del *zapping*, el cerebro está acostumbrado a cambiar rápidamente de actividad. Una cantidad ingente de imágenes y de información originada por la publicidad, las pantallas, los televisores, los *smartphones*, los ordenadores, etc. se almacena en nuestras retinas, sin dejar que nuestra mente descanse. Por lo tanto, frente a la sobreestimulación, a veces resulta difícil mantener el ritmo a largo plazo, y eso provoca problemas de concentración. Además de la tecnología, hay otros muchos factores de desconcentración: aburrimiento, interrupción de un colega, ruido en la oficina, ansia, etc. Además, las emociones fuertes, como la ira, el amor o la pena también influyen en la capacidad para concentrarse.

El TDA/H

Todo el mundo puede tener problemas de desconcentración puntuales. Por el contrario, una persona que padece el trastorno de déficit de atención con o sin hiperactividad (TDA/H) sufre constantemente de dificultades de atención y de concentración, y esto tiene un impacto —negativo— en su calidad de vida.

El TDA/H, de origen neurológico, se define como un trastorno crónico que afecta a la «capacidad para controlar nuestro grado de atención, de impulsividad y de hiperactividad»[3] (Walker 2015). La persona que lo padece tiene un sistema atencional defectuoso, es decir, su alerta, su atención selectiva, su atención dividida o su atención sostenida no funcionan correctamente.

Por otra parte, el adulto diagnosticado con TDA/H puede

---

3. Cita traducida por 50Minutos.es

mostrar hiperactividad motriz, por lo que tendrá dificultades para quedarse sentado e inmóvil, o hiperactividad cognitiva. En este último caso, le costará concentrarse en un único pensamiento, pasando constantemente de una idea a otra. Esta hiperactividad puede convertirse en un verdadero obstáculo para aquellos que la padecen, puesto que deben llevar a cabo un esfuerzo considerable para evitar dispersarse, sin que eso signifique que siempre lo logren. Por lo tanto, si tus problemas de atención se vuelven recurrentes, es fundamental efectuar pruebas psicológicas y actuar en consecuencia.

Sin embargo, aun cuando una persona con este trastorno padece disfunciones atencionales graves, a la vez puede mostrar hiperconcentración cuando lleva a cabo una actividad que estimula su interés. Esta facultad, que a primera vista es positiva, también presenta aspectos negativos, puesto que, cuando el individuo se centra demasiado, puede acabar dándole vueltas a la idea una y otra vez. Esta obsesión lo va emponzoñando y le impide trabajar al 100% en otra tarea.

TRATAMIENTOS

Existen métodos curativos médicos para tratar a las personas con TDA/H basados principalmente en paliar la falta de dopamina. Estos psicoestimulantes (Ritalín, Concerta, Adderall, etc.) no permiten curar de forma definitiva la enfermedad, pero actúan sobre los síntomas y facilitan la vida del individuo. También se emplean con frecuencia otros métodos, como las medicinas suaves (homeopatía, regímenes alimenticios, osteopatía, etc.) para aliviar este trastorno.

LAS REGLAS BÁSICAS PARA GANAR EN CONCENTRACIÓN

Una vida equilibrada

Empieza por adoptar una higiene de vida sana: duerme al menos siete horas todas las noches, varía tu alimentación, bebe un litro y medio de agua al día y practica al menos dos horas de actividad física a la semana (caminar, ir en bicicleta, correr, etc.). Si no basta con el deporte o si no eres para nada amante del deporte, prueba prácticas más suaves como el yoga, el pilates, el taichí o la meditación, que te ayudarán a sentirte más zen y a mejorar tu autocontrol. Además, cuando sientas que tu cerebro se va desviando, trabaja tu respiración: si aprendes a respirar mejor, podrás vaciar tu mente más fácilmente para volver a concentrarte.

QUÉ BEBIDAS EVITAR

Aunque el café tiene un efecto estimulante, por otra parte aumenta la ansiedad y el nerviosismo. Por lo tanto, resultará nefasto para la concentración si consumimos demasiada cafeína. Evitaremos, de la misma manera, beber demasiado té negro, puesto que también contiene cafeína. Además, el abuso de alcohol dificulta la concentración: abstente de veladas demasiado alcoholizadas la víspera de una reunión importante.

Una alimentación sana

Tu régimen de alimentación tiene un papel esencial en tu capacidad para concentrarte. En efecto, son numerosos los nutrientes que intervienen en el funcionamiento de tu cerebro, como:

- **los omega 3**, que actúan sobre la memoria y favorecen la circulación sanguínea. Los encontramos en especial en el pescado, en el aceite de colza, en el hígado de bacalao o en los frutos secos;
- **la taurina y el magnesio**, que proporcionan energía y estimulan tu cuerpo en momentos de mucho cansancio. Consume marisco, como por ejemplo las vieiras, y carne para la taurina. Las hortalizas, los cereales integrales, la miel, el chocolate negro y el agua mineral recargarán tus niveles de magnesio;
- **la vitamina B**, que vela por el buen funcionamiento del sistema nervioso y de la circulación sanguínea, irrigando correctamente el cerebro. Consume de preferencia legumbres, cereales integrales y verduras de hoja verde (espinacas, espárragos, brócoli, lechugas, etc.);
- **algunas plantas especiales**, que mejoran también la memoria y la concentración, como el ginkgo biloba, la cúrcuma y el ginseng.

Un entorno laboral adaptado

Si tienes problemas de concentración, el más mínimo elemento puede perturbar tu atención. Así, si te encuentras en un espacio de trabajo abigarrado, lleno de hojas, notas, bolígrafos o cualquier otro material, tu mirada se dirigirá inevitablemente hacia todas esas distracciones. Ordena tu despacho antes de empezar una tarea que requiera una concentración alta y deshazte de cualquier elemento susceptible de llamar tu atención: apaga tu ordenador si no vas a utilizarlo, cierra la puerta del despacho para mostrar que no estás disponible, etc.

Tu espacio de trabajo es el reflejo de tu mente. Intenta organizarlo para crear un lugar tranquilo y propicio para la concentración.

LA PAUSA DEL CAFÉ

El tiempo de concentración varía de un individuo a otro, pero sea cual sea tu capacidad de atención, al cabo de un tiempo tu mente se dispersa, tu cerebro se cansa, tu concentración disminuye y te distraes con facilidad.

No sirve de nada que insistas: una vez que se pierde la concentración, reconectarla es casi imposible. De ahí la importancia de que te concedas pausas para poder sumergirte de nuevo en tu proyecto. Prepárate un café (bebe con moderación) o un té, habla con un colega, camina un poco, etc. Ni eres una máquina, ni un superhombre o una supermujer: permítete unos minutos de distracción para que tu cerebro descanse.

Los beneficios de la música

La música puede facilitar tu capacidad para concentrarte al aislarte de los elementos perturbadores. Escoge tu estilo musical con cuidado, ya que tendrá un impacto en tu estado emocional. Te resultará más fácil concentrarte con la música clásica o con las canciones con un tempo lento. Evita las canciones rítmicas o aquellas de las que conoces la letra de memoria, puesto que tu mente se centrará en lo que escucha y no en lo que tiene que hacer. Según diversos estudios, escuchar música clásica mejoraría la concentración, la memoria y la percepción espacial.

Por otro lado, puedes utilizar la música para volver a concentrarte tras un período de distracción, intentando aislar un instrumento de otro. Centra tu atención en la guitarra, a continuación en la batería y, para acabar, en el bajo, con el objetivo de separarlos por completo del resto de la música. Este entrenamiento te ayudará a enfocar tu atención hacia elementos precisos en tu trabajo. Lo ideal es que escuches la música con cascos o con auriculares para construirte una burbuja. Sin embargo, según Cécile Galand, si padeces trastornos de atención dividida (es decir, si tienes dificultades para concentrarte en varios elementos a la vez), la música no te aportará ningún beneficio; al contrario, te perturbará.

GUIÑO DEL EMPLEADO

Aunque es importante llevarse bien con los colegas, a veces es difícil concentrarse cuando estos se vuelven demasiado invasivos. ¿Cómo podemos reaccionar frente a estos colaboradores que consumen tu tiempo? ¡Aprende a plantarte! No te convertirás en un maleducado si le indicas a un compañero que debes terminar una tarea importante y que no tienes tiempo para conversar. Sé diplomático y explícale con calma que necesitas concentrarte.

LOS MEJORES CONSEJOS

- **Optimiza tu espacio.** Ordena tu despacho y el escritorio donde está tu ordenador. Si tienes que concluir una tarea, quita cualquier objeto de tu vista que pueda desconcentrarte para poder focalizarte únicamente en una tarea.
- **Divide tu trabajo.** Si un encargo te parece demasiado importante, subdivídelo en varias partes. Esto te ayudará a no sentirte desbordado y mejorará tu eficacia. Por otra parte, finaliza una tarea antes de empezar una nueva: iniciar varias actividades a la vez es la mejor forma de no acabar ninguna. Así, rendirás más si pasas dos horas trabajando en un proyecto que si dedicas media hora a cuatro diferentes.

GUIÑO DEL EMPLEADO

Utiliza un código de colores para organizar tu trabajo. Esto te ayudará a navegar más fácilmente por tus proyectos y a memorizar mejor la información. Cuando escribas, utiliza bolígrafos de colores diferentes, subraya con marcadores, añade pósits de colores, etc. En tu ordenador, juega con los diferentes colores del texto, la negrita, la cursiva, etc., para destacar los puntos esenciales.

- **Tómate una pausa** cuando sientas que tu concentración empieza a flojear. Relajar tu atención te permitirá volver a concentrarte mejor después. Si estás llevando a cabo una tarea que requiere una concentración alta, haz pausas regulares para no cansarte demasiado rápidamente.

- **Escribe lo que te desconcentra en un trozo de papel**. Ya sean reflexiones personales o elementos externos, una vez que los evacúes ya no contaminarán tu mente.
- **Consulta tu correo electrónico y responde a los mensajes a horas precisas** para que el servicio de mensajería no te perturbe constantemente. Según un estudio del ORSE (Observatorio francés sobre la Responsabilidad Social de las Empresas), volver a concentrarse tras haber sido interrumpido por un correo electrónico cuesta de media sesenta y cuatro segundos.
- **Organiza tu tiempo de trabajo**. Deja las tareas difíciles y las actividades más intensas para la mañana, entre las 10 h y las 12 h, y para la mitad de la tarde (después de la digestión), puesto que estos períodos son más propicios para la concentración.
- **Resiste a la tentación del ordenador**. Algunas profesiones exigen la utilización de internet. Se convierte entonces en una tarea casi imposible mantener la concentración con unas fuentes de distracción enromes que provienen de la red: redes sociales, sitios de venta *online*, videos en *streaming*, etc. Para limitar la presencia de elementos perturbadores, guarda abiertas únicamente las pestañas que te resultan útiles para tu trabajo o cierra tu navegador si no lo necesitas y, para acabar, desconecta tu correo electrónico personal y tus posibles cuentas de Facebook, Twitter, etc. Si tu tarea no requiere el uso de un ordenador, apágalo para evitar tentaciones. Si tu trabajo exige que recurras a redes sociales, desactiva las notificaciones para no recibir alertas que no harán sino

molestarte. Para acabar, cierra en tu escritorio digital los programas que no necesites en ese momento: cuantas menos ventanas tengas abiertas, más fácil te resultará concentrarte.

- **Practica un deporte**. Ejercer una actividad física te ayudará a evacuar las malas energías y a relajarte para, a continuación, volver a centrarte mejor en tu trabajo intelectual. El equilibrio entre el cerebro y el cuerpo es esencial para mejorar el bienestar. El deporte también permite dormir mejor —y el sueño es una de las claves para una concentración óptima.

> «Practico una actividad deportiva dos veces por semana: el kárate y el pingpong. Esto me permite aprender a controlar mejor mis emociones y a trabajar mi concentración, puesto que tengo que focalizar mi atención en mis movimientos en el caso del kárate y en la pelota en el caso del pingpong» (continuación del testimonio de Albert).

Si sientes que se te escapa la concentración, céntrate en tu respiración. Toma una gran bocanada de aire al inspirar y vacía tu mente al espirar. Puedes llevar a cabo varios ejercicios de respiración en casa o en el trabajo para relajarte y mantener la concentración: la respiración consciente —que consiste en respirar sin parar entre inspiración y espiración—, la respiración abdominal o la respiración por coherencia cardiaca —es decir, que respeta un ciclo de seis inspiraciones/espiraciones por minuto—, por ejemplo.

- **Evita la rutina**. El enemigo número uno de la concentración es el aburrimiento. Para solucionarlo, diversifica tus tareas para romper tu rutina diaria. La motivación desempeña un papel fundamental en los procesos de atención y de concentración: facilita la iniciación de una tarea y ayuda a resistir a las distracciones. Por el contrario, la ausencia de interés genera una actitud hostil y un tratamiento superfluo de la tarea que se debe efectuar. Si tienes dificultades para motivarte, utiliza el método de la zanahoria, concediéndote pequeñas recompensas al final de cada encargo.
- **Fíjate objetivos precisos**. Elabora una lista de tareas que tienes que efectuar y añade el tiempo y el grado de concentración necesarios para cada una. Al establecer tus objetivos, tu cerebro sabrá dónde dirigirse y estarás más capacitado para enfocar tu atención sobre un punto en particular.

- **Varía los soportes**. Trabajar durante todo el día frente a una pantalla de ordenador puede ser muy cansado. Cuando sientas que tu cerebro se recalienta, pasa a escribir para descansar tus ojos y tu mente. Al cambiar de soporte, rompes la monotonía de tu tarea y mantienes tu atención en el tema.

PREGUNTAS FRECUENTES

¿QUÉ FACTORES SE ENCUENTRAN EN EL ORIGEN DE MI PROBLEMA DE CONCENTRACIÓN?

Existen varios elementos que pueden estar en el origen de tu desconcentración. Aunque es cierto que la sociedad hiperactiva y las tecnologías que progresan cada vez más rápido tienen gran parte de culpa, no son los únicos factores: una mala alimentación, una mala higiene de vida, la falta de sueño, el estrés, una mala respiración, un entorno inadaptado o problemas personales también pueden influir en tu capacidad para concentrarte. Para solucionar tus déficits de atención, anota en una hoja lo que te perturba para establecer su punto de origen.

Sin embargo, a veces las causas son más complejas: depresión, síndrome de desgaste profesional, ansiedad generalizada, trastornos de humor o de comportamiento, acumulación de estrés, hipertiroidismo, trastornos negativistas, adicciones (alcohol, drogas), etc. Algunos trastornos mentales, como los bipolares o los obsesivo-compulsivos, también pueden presentar síntomas similares al TDA/H. Por esta razón, es importante consultar a un especialista médico en cuanto aparecen varios síntomas de déficit de atención.

¿CUÁLES SON LAS CONSECUENCIAS DIREC-TAS DE UNA MALA CONCENTRACIÓN EN EL TRABAJO?

La falta de atención y de concentración en tu vida profesional puede perjudicarte. Primero, porque tiene un impacto directo en tu trabajo y en tu productividad: no acabas las tareas en el plazo establecido o te lleva dos veces más de lo previsto, y eso te retrasa a ti y a tus compañeros. Esta situación puede provocar un mal ambiente de trabajo y unas relaciones conflictivas con tus compañeros y tus superiores. Para acabar, los problemas de concentración pueden derivar en una baja autoestima, falta de confianza, estrés y, en el peor de los casos, en un síndrome de desgaste profesional. No te tomes nunca esta cuestión a la ligera, puesto que tu bienestar depende de ello.

¿CÓMO SABER SI SUFRO DE UN DESORDEN NEUROLÓGICO O SI SIMPLEMENTE TENGO PROBLEMAS DE CONCENTRACIÓN?

Si son frecuentes las pérdidas de concentración tras un periodo de estrés, de cansancio o tras problemas familiares, es importante averiguar si este problema es puntual o si está originado por un trastorno más importante. Existen distintas señales que apuntan hacia un TDA/H, y varias pruebas oficiales que permiten establecer un primer diagnóstico que tendrá que ser completado con el de un profesional. El test de autoevaluación que te proponemos a continuación puede ser considerado como un punto de partida para identificar si sufres síntomas de este trastorno de la atención, pero obviamente no sustituye una consulta médica.

El test ASRS

En los últimos seis meses	Nunca: 0	Casi nunca: 1	Ocasionalmente: 2	A menudo: 3	Muy a menudo: 4
Cuando la realización de una tarea requiere un método, ¿tienes dificultades para organizarte?					
Cuando tienes que efectuar una tarea que requiere atención, ¿tiendes a evitarla o a atrasarla?					
¿Te distraes fácilmente con el ruido o con las actividades que te rodean?					
¿Has abandonado tu asiento en una reunión o en otras situaciones en las que se supone que debías quedarte sentado?					
¿Te sientes a menudo nervioso, inquieto o impaciente? ¿Tienes la sensación de no poder parar quieto?					
¿Te cuesta esperar tu turno, por ejemplo en una cola?					

Si obtienes una puntuación de 11 o más, tus síntomas podrían encajar con un trastorno de hiperactividad con déficit de atención. Consulta a un profesional de la salud para realizar una evaluación más profunda.

> «Me diagnosticaron TDA/H durante mi adolescencia. En líneas generales, no puedo quedarme quieto durante mucho rato. Pierdo mucho tiempo cuando trabajo, por lo que en vez de completar una tarea en un día, tengo que repartirla en varios» (Antoine, redactor).

ALGUNAS PREGUNTAS PERTINENTES

¿Tienes dificultades para organizarte? ¿Lo dejas todo siempre para mañana? ¿Trabajas de manera sistemática sobre varios proyectos a la vez? ¿Te distraes con facilidad con lo que te rodea (una conversación en un despacho anexo, música, una canción que escuchas en la radio, etc.)? ¿Te aburres con frecuencia en tu trabajo, a pesar de la larga lista de tareas que tienes que llevar a cabo? ¿Eres impaciente? Si tienes la más mínima duda con respecto a los síntomas del TDA/H, consulta a un especialista.

¿QUÉ ACTITUDES ADOPTAR PARA MEJORAR MI CONCENTRACIÓN A LARGO PLAZO?

En cuanto constates las primeras señales de un déficit de atención, ya sean puntuales o permanentes, empieza por comprobar tu higiene de vida: llevar una alimentación sana y equilibrada, dormir lo suficiente, beber agua y trabajar la respiración son las bases para una buena concentración. Ten claro que alimentarte de patatas fritas y mirar series hasta altas horas de la noche no te ayudará a concluir tu proyecto al día siguiente: tu cerebro necesita gasolina de verdad y descanso para seguir rindiendo. A continuación, ordena tu espacio de trabajo para tener ante ti únicamente las herramientas necesarias para efectuar tu tarea. Tu despacho refleja tu mente: cuanto más ordenado esté, menos te perturbarán los pensamientos parásitos. Para acabar, algunos ejercicios físicos diarios te pueden ayudar a controlar y a mejorar tu capacidad de atención de manera progresiva. Los encontrarás en la sección «¡Ahora es tu turno!».

CIFRAS PARA EMPEZAR EL DÍA

Recita las tablas de multiplicar en tu cabeza antes de empezar tu trabajo. Este método despertará tu concentración y condicionará a tu cerebro para el resto del día. Realizar sudokus es otra manera de mejorar la concentración a través de los números. Estos juegos de cifras japoneses permiten optimizar nuestra capacidad para planificar.

¿PUEDO TRATAR MIS PROBLEMAS DE ATENCIÓN GRACIAS A LA MEDICACIÓN?

Si realmente padeces un desorden neurológico, acuerda con tu médico o con tu psiquiatra un tratamiento médico. Por el contrario, si tu déficit de atención es debido a la ansiedad, a un síndrome de desgaste profesional, a una depresión o a un factor similar, tu caso no implica necesariamente la ingesta de medicinas —por lo tanto, no dudes en consultar a un médico para determinar tu tratamiento. Más allá de estas situaciones, existen ciertos suplementos alimenticios, más naturales, que te pueden ayudar, como el OM3 Memory, que contiene omega 3, extractos de plantas como el ginkgo biloba o la cúrcuma. Sin embargo, no tomes nunca suplementos sin la supervisión de un médico, puesto que pueden provocar efectos secundarios o estar contraindicados para ciertos casos. Pregunta a un especialista para escoger el suplemento más adaptado a tus necesidades.

¿PUEDE AYUDARME LA MÚSICA A CONCENTRARME?

La música tiene un papel diferente dependiendo del individuo: puede ayudarnos a concentrarnos o, por el contrario, puede favorecer la pérdida de atención. Algunas personas mostrarán dificultades para realizar su trabajo con música de fondo, mientras que otras lograrán concentrarse mejor. Según el estilo elegido, la música puede estimular la creatividad, disminuir el estrés y mejorar las capacidades cognitivas (atención y memoria). Puede ayudarte a crearte una burbuja en el trabajo y aislarte de los ruidos de alrededor. Sin embargo, escoge con cuidado la música: las canciones conocidas desviarán tu atención y las rápidas podrán aumentar tu estrés, mientras que las canciones tranquilas serán beneficiosas.

¡AHORA ES TU TURNO!

LOS JUEGOS DE ATENCIÓN SELECTIVA VISUAL

Te presentamos varios ejercicios fáciles para hacer en el tren, en casa, antes de ir a dormir o durante la comida que te ayudarán a mejorar tu atención selectiva visual, es decir, a centrar tu atención sobre un único tema o una sola acción. Por ejemplo, las sopas de letras o los crucigramas entrenan a tu mente para aislar las palabras de una mezcla de letras. En ese mismo principio se basa el famoso juego «¿Dónde está Wally?». Otros juegos basados en este sistema de exploración visual también pueden servir para mejorar tu atención selectiva visual. Intenta aumentar progresivamente la dificultad.

LA FICHA DE DISPERSIÓN

Este ejercicio consiste en practicar el autocontrol, no dejar que señales externas nos distraigan. Cada vez que pierdas tu concentración en el lugar de trabajo —o en casa si estás en un régimen de teletrabajo—, añade una raya sobre una hoja con la fecha del día. Cuenta el número de líneas que has dibujado al final de cada jornada. Ponte retos todos los días y al cabo de una semana, te darás cuenta de que las rayas disminuyen.

EL CICLO DE SENSACIONES POSITIVAS

Al igual que la ficha de dispersión, el «ciclo de sensaciones positivas» consiste en felicitar a tu cerebro cada vez que observa una mejora de la concentración. Por lo tanto, el objetivo es empezar suavemente, concentrarte durante un corto periodo de tiempo, unos minutos, por ejemplo. Si has logrado llegar al tiempo establecido, recompénsate. Echa un vistazo a tu correo electrónico, haz una breve pausa, mira tu perfil en Facebook, etc. repite la operación cada día alargando de manera progresiva el tiempo de concentración.

DESARROLLA TU ATENCIÓN DIVIDIDA

Practica para aprender a concentrarte en varias tareas al mismo tiempo, una competencia muy apreciada en el mundo laboral. Por ejemplo, completa un crucigrama mientras escuchas la radio. Escoge programas hablados (por ejemplo, las noticias) en vez de emisiones musicales. Esto te ayudará a concentrarte en un ambiente laboral ruidoso o a llevar a cabo de manera simultánea una tarea automatizada y una más compleja.

¡Tu opinión nos interesa!
¡Deja un comentario en la página web de tu librería en línea,
y comparte tus favoritos en las redes sociales!

PARA IR MÁS ALLÁ

FUENTES BIBLIOGRÁFICAS

- Psychomédia. "8 troubles à ne pas confondre avec le TDAH". Consultado el 3 de noviembre de 2016. http://www.psychomedia.qc.ca/deficit-attention-hyperactivite/2014-09-28/diagnostic-differentiel-dsm-5
- Coaching.comprendrechoisir. "Améliorer sa concentration". Consultado el 3 de noviembre de 2016. http://coaching.comprendrechoisir.com/comprendre/ameliorer-sa-concentration
- Canevet, Frédéric. "9 astuces pour améliorer sa concentration". *ConseilsMarketing*. Consultado el 3 de noviembre de 2016. http://www.conseilsmarketing.com/techniques-de-ventes/9-astuces-pour-ameliorer-sa-concentration
- TDA/H Belgique. "Diagnostic adulte". Consultado el 3 de noviembre de 2016. http://www.tdah.be/tdah/tdah/adultes/diagnostic
- Hallowell, Edward M. y John J. Ratey. "50 trucs de gestion du déficit de l'attention". Hypers supers TDAH France. Consultado el 3 de noviembre de 2016. http://www.tdah-france.fr/50-trucs-de-gestion-du-deficit-d.html
- James, William. 1890. *The principles of psychology*. Nueva York: Dover Publications.
- Laufer, Danièle. "Comment booster sa concentration?". *Magazine Avantages*.
- Leboucher, Séverine. 2008. "Améliorer sa concentra-

tion". *Journaldunet*. Septiembre. Consultado el 3 de noviembre de 2016. http://www.journaldunet.com/management/efficacite-personnelle/conseil/ameliorer-sa-concentration/ameliorer-sa-concentration.shtml

- Psychologies. "Musique: la fréquence du bien-être". Febrero 2013. Consultado el 3 de noviembre de 2016. http://www.psychologies.com/Culture/Savoirs/Musique/Articles-et-dossiers/Musique-la-frequence-bien-etre
- Nideffer, Robert M. 1976. "Test of attentional and interpersonal style". Journal of personality and social psychology, n.° 34, 394-404.
- Orlick, Terry. 1998. Embracing your potential. Ottawa: Human Kinetics.
- Roland, Olivier. "L'esprit zen: comment augmenter sa concentration". Habitudes Zen. Consultado el 3 de noviembre de 2016. http://www.habitudes-zen.fr/2013/lesprit-zen-comment-augmenter-sa-concentration/
- Rupelle, Géraldine de la y François Fatoux. 2011. Pour un meilleur usage de la messagerie électronique dans les entreprises. París: ORSE. http://www.orse.org/maj/upload/actualite/actualite_32.pdf
- Sève, Marie-Madeleine. "Neuf exercices pour améliorer sa concentration au travail". L'Express. Consultado el 3 de noviembre de 2016. http://lentreprise.lexpress.fr/rh-management/efficacite-personnelle/neuf-exercices-pour-ameliorer-sa-concentration-au-travail_1521390.html
- Vernier, Philippe. 2015. "Comment notre cerveau fait le tri entre utile et inutile pour nous permettre d'agir et de penser". Atlantico. Agosto. Consultado el 3 de noviembre de 2016. http://www.atlantico.fr/decryptage/

comment-notre-cerveau-fait-tri-entre-utile-et-in-utile-pour-permettre-agir-et-penser-philippe-ver-nier-2294697.html
* Vertanessian, Florence. 2013. "SOS concentration: comment apprendre à reconstruire sa capacité d'attention". Atlantico. Diciembre. Consultado el 3 de noviembre de 2016. http://www.atlantico.fr/decryptage/sos-concentration-comment-apprendre-reconstruire-capacite-attention-florence-vertanessian-914265.html
* Walker, Linda. "Les signes et symptômes du TDAH chez l'adulte". TDAH Adulte. Consultado el 3 de noviembre de 2016. http://www.tdahadulte.com/deficit-d-attention-adulte/symptomes-tdah-adulte/

FUENTES COMPLEMENTARIAS

* Freud, Michèle. 2007. *Réconcilier l'âme et le corps. 40 exercices faciles de sophrologie*. París: Albin Michel.
* Legalle, Steve. 2014. *Stratégies de concentration au travail. Procédé innovant développé par un sportif de haut-niveau*. Lyon: Éditions Baudelaire.
* Asociación sin ánimo de lucro TDA/H en Bélgica. Consultado el 3 de noviembre de 2016. www.tdah.be/tdah

¡APRENDER NUNCA ANTES FUE TAN RÁPIDO!

www.en50minutos.es